REMARQUES

IMPORTANTES

SUR

LES TRANSACTIONS,

Et sur la Loi qu'il convient de faire pour en régler le Payement.

Par un NÉGOCIANT, Propriétaire.

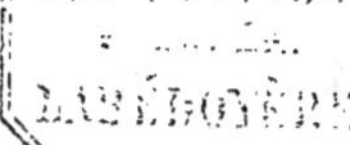

Mais, avant de délibérer, tâchez donc de vous instruire.
THUC. *g. du Pélop.*

A PARIS,

Chez DESENNE, Imprimeur - Libraire,
Maison Égalité, n°s. 1 et 2.

L'an 5e. de l'ère française.

REMARQUES

IMPORTANTES

SUR

LES TRANSACTIONS,

Et sur la Loi qu'il convient de faire pour en régler le Payement.

LES Transactions entre particuliers, sur lesquelles le Corps Législatif doit incessamment statuer, ne se ressemblent pas toutes dans leur origine et dans leurs échéances; et si le Gouvernement veut être juste, il faut absolument qu'il ait égard aux différences qui existent entre elles.

Je distingue quatre espèces de Transactions :

1°. Celles qui ont été contractées depuis la création des assignats, et successivement jusqu'à leur extinction, c'est-à-dire, dans l'espace de temps pendant lequel les assignats ont existé. Cet espace se trouve compris entre le mois d'avril

1790, et le 29 ventôse dernier, ou 19 février 1796 (vieux style.)

2°. Les Transactions qui ont été contractées avant la création des assignats, et qui ont été payables jusqu'à leur extinction.

3°. Les Transactions ou obligations passées pendant le cours des assignats, et qui se trouvent payables après leur extinction.

4°. Enfin, les Transactions contractées avant la création des assignats, et dont l'échéance outrepasse l'extinction du papier-monnoie.

D'abord, pour bien discuter cette matière, il faut se rappeler qu'il est de principe, en fait de transactions, que l'acheteur court l'événement de la chose qu'il achète, et le vendeur, de celle contre laquelle il vend.

Ainsi, sous le régime de la terreur, la plupart des grands propriétaires d'immeubles ont eu leurs propriétés pillées, ravagées, et quelquefois démolies ; et cependant, s'ils étoient débiteurs en reste de prix de vente, ils n'ont rien eu à réclamer de leurs créanciers, pour les désastres qu'ils ont éprouvés, quoique souvent ces désastres ayent absorbé la majeure partie du prix des immeubles, ou au moins plusieurs années de leur revenu.

Mais, par une raison contraire, on ne pourra pas me contester que le créancier tout seul court la chance de la chose contre laquelle il a vendu. Dans le cas où la vente qu'il a faite a eu lieu pendant l'existence des assignats, il est évident que l'événement de ce papier-monnoie a regardé le créancier, et non le débiteur.

Ce que je viens de dire relativement aux obligations contractées en reste de prix de vente d'immeubles, s'applique naturellement à celles contractées entre négocians, ou bien de la part de négocians en faveur de capitalistes : ceci n'a pas besoin d'être démontré.

Je sais bien qu'on trouvera qu'il est cruel pour un particulier qui a vendu un immeuble, ou placé un capital en 1790, d'être remboursé quatre ou cinq ans après, en assignats d'une valeur très-inférieure à celle qu'avoit ce papier, quand il l'a vendu. Sans doute cela est cruel ; mais il auroit fallu faire une pareille observation dès l'instant qu'il a été question d'assignats, parmi nous ; de plus, le cas de ce particulier n'est pas différent de celui où son débiteur a pu se trouver lui-même, ainsi que tous ceux qui ont été créanciers avant la démonétisation des assignats. Il est en vérité. bien étrange qu'on s'appitoye aujourd'hui sur le très-petit nombre de ceux qui se trouvent encore porteurs d'obligations d'une échéance antérieure à la chute de ce papier-monnoie, tandis que, jusqu'au mois de frimaire, an **4**, on a trouvé bon que tout le monde fût payé de la même manière. Tout le monde, en effet, a été ainsi payé jusqu'alors, à l'exception de ceux qui, ayant affaire à des débiteurs plus indulgens ou plus riches, ont pu transiger à l'amiable, et d'une manière plus avantageuse pour eux. Mais, qu'est-il arrivé depuis ? c'est que les remboursemens ayant été supendus à différentes époques, les créanciers sont devenus impitoyables, et veulent absolument aujourd'hui, que leurs débiteurs ayent couru seuls et à leur place, la chance des assignats ; et malheureusement les principes qui semblent avoir prévalu dans le conseil des Cinq-cents, ne flattent que trop leurs prétentions exagérées.

Je défie, cependant, que l'on me conteste le principe établi ci-dessus, que le papier-monnoie étant la chose contre laquelle un propriétaire ou un capitaliste a aliéné son immeuble ou ses assignats, en avril ou en mai 1790, par exemple, pour en être payé quatre ou cinq ans après, c'est à lui seul que l'assignat a dû péricliter. Ce principe établi d'une manière générale, je n'ai qu'un mot à dire, pour prouver qu'il n'a rien d'injuste, au moins à l'égard de la très-majeure partie des transactions de ce genre.

Un particulier a fait l'acquisition d'un immeuble

en 1790. Il a pris le terme d'un, deux, trois ou quatre ans pour payer cet immeuble; et cela, parce qu'il avoit, avant les mêmes échéances, des rentrées à prétendre de la part de ses débiteurs. Or, il a reçu ces rentrées en se soumettant à la loi; il les a reçues sans inquiétudes, parce qu'il savoit qu'à peu-près vers les mêmes époques, il avoit lui-même un créancier à payer. Eh bien, pour le récompenser de sa soumission à la loi, vous voulez maintenant qu'il ait couru, seul, la chance des assignats.

Que dirai-je des malheureux négocians qui se trouvent dans le même cas? Leur situation est, en général, encore plus pénible, parce que, souvent, ce n'est pas sur des immeubles qu'ils ont placé les fonds qu'on leur a prêtés pendant l'existence des assignats, c'est sur des marchandises qu'ils revendoient à terme (car, l'habitude de faire des crédits a subsisté long-temps après la création de notre papier-monnoie,): ils ne recevoient des assignats de leurs débiteurs qu'après qu'ils avoient baissé d'une manière effrayante. Ensuite est venu le régime de la terreur, accompagné du *Maximum*, qui a achevé de ruiner tous ceux qui avoient un certain fonds de marchandises en magasin. Or, je le demande, est-ce aussi au détriment de citoyens grevés de cette manière,

qu'on peut se proposer d'intervertir l'ordre naturel ? Et convient-il de leur faire courir la chance
des assignats périclités entre leurs mains, parce
que leurs créanciers n'ont pas voulu être payés
en cette monnoie ?

On me dira, sans doute, que l'application que
je fais du principe consacré ci-dessus, se trouve
juste à l'égard de certains acquéreurs d'immeubles,
et des négocians dont nous venons de parler ; mais
qu'il en est d'autres, tels que beaucoup d'habitans
des campagnes, qui, étant débiteurs de ventes de
fonds, sont beaucoup trop favorisés par la chute
des assignats, en ce que, n'ayant pas de débiteurs
à leur tour, ils ont pu se libérer des capitaux qu'ils
devoient, par exemple, pour les obligations contractées en 1790 et 1791, payables en 1795, par
la vente d'une seule récolte, des fonds qu'ils
avoient acquis. Je ne nie pas ce fait. J'ajoute même
que les habitans des campagnes se sont libérés de
cette manière, non-seulement des engagemens
qu'ils avoient contractés pendant la durée des assignats, mais encore de ceux qu'ils avoient contractés antérieurement. Mais je réponds que les débiteurs de ce genre ayant été les plus empressés
à profiter de la loi générale, ce n'est presque pas
d'eux qu'il est question aujourd'hui. En effet, il
n'en est presque aucun qui n'ait forcé son créan-

cier à recevoir sa créance, même par anticipation. Informez-vous de ce qui s'est passé dans les campagnes, et vous ne douterez pas de ce fait. Mais quand il en seroit autrement, cette exception, dans les événemens qui ont eu lieu d'une manière si générale, ne nuiroit encore nullement à l'application du principe que j'ai établi.

Je crois donc inutile d'entrer dans un plus long détail, pour prouver que, dans le cas des Transactions ou obligations contractées et échues pendant l'existence des assignats, c'est au créancier et non au débiteur, que ce papier-monnoie a dû péricliter.

Je viens actuellement aux Transactions de la seconde classe, c'est-à-dire, aux obligations qui, étant contractées à des époques antérieures aux assignats, se sont trouvées échues entre le mois d'avril 1790 et le mois de février 1796, c'est-à-dire, pendant l'existence de ce papier. Je suis forcé de parler de celles-ci comme des précédentes, parce que l'assemblée constituante, en décrétant les assignats, a voulu que tous les engagemens quelconques, fussent payés en cette monnoie; et dès-lors, tout homme qui s'est trouvé débiteur d'engagemens contractés avant les assignats, n'ayant pu recevoir de ses débiteurs, à lui, que cette monnoie, jusqu'en frimaire an IV, il n'est pas juste qu'il donne autre chose à ses créanciers.

Quant aux débiteurs par Transactions, de la troisième classe, c'est-à-dire par obligations passées pendant l'existence des assignats, et qui, par la démonétisation de ce papier, ne peuvent plus être payés qu'en argent, je conviens que le principe ci-dessus ne peut pas leur être appliqué, puisque c'est ordinairement en monnoie courante, que les obligations doivent être acquittées : cependant, lorsque les assignats furent décrétés, ils furent créés pour douze ans, puisqu'on a donné ce terme aux acquéreurs de biens nationaux pour les payer. En conséquence, les débiteurs dont je parle, ont été réduits à recevoir en assignats, de leurs propres débiteurs, tout ce qui leur étoit dû jusqu'en frimaire an IV ; et toutes les portions de leur fortune mobiliaire, qui étoit dispersée à intérêt, pendant l'existence des assignats, leur est rentrée en cette monnoie. Leur position mérite donc les plus grands égards de la part du Corps législatif ; et je ne craindrois pas de dire, quant à ceux-ci, qu'à partir du cours qu'avoient les assignats, à l'époque de la confection de leur engagement, l'effet de la démonétisation de ce papier, doit être partagé entre eux et leurs créanciers.

Il me reste à parler des débiteurs par Transactions de la quatrième espèce, c'est-à-dire, de ceux qui ont contracté des obligations antérieures à la création des assignats, et dont l'échéance se trouve postérieure à la démonétisation de ce papier. Je conviens que ceux-ci ne sont nullement dans le cas des trois classes précédentes, parce qu'ils ont contracté dans le temps de l'argent, pour payer à des époques très-éloignées. Ainsi, il semble que c'est à eux, et non à leurs créanciers, que l'assignat a dû péricliter. Cependant la chute anticipée de ce papier, ayant anéanti toutes les fortunes mobiliaires; et les débiteurs ayant eu la délicatesse de ne pas profiter de la faculté qu'ils avoient, d'après nos lois antérieures, de se libérer par escompte, ainsi qu'ils y étoient autorisés, ils méritent aussi d'être traités avec indulgence. Ils le méritent d'autant plus, que les obligations du genre dont je parle, ont ordinairement des immeubles pour objet : or, les immeubles, et sur-tout ceux d'une certaine importance, ayant baissé en général de moitié dans l'étendue de la France, et l'argent étant d'une telle rareté, qu'il produit, dans nos villes de commerce, jusqu'à trente pour cent par an, il est naturel de faire une forte réduction sur les créances dont ces derniers sont débiteurs, ainsi que sur les intérêts qu'ils ont à payer.

Je crois qu'on ne me contestera pas la vérité des réflexions que je viens de développer. Il est étonnant qu'elles n'aient pas été faites dans le conseil des Cinq-cents, lorsqu'on y a rédigé la résolution du 29 messidor dernier, laquelle a été rejetée par le conseil des Anciens. Il est sur-tout étonnant qu'on y reproduise aujourd'hui les maximes d'après lesquelles cette résolution funeste avoit été rédigée. En effet, le conseil consacroit, par cette résolution, un principe absolument opposé à celui qui a été établi plus haut, puisque dans son échelle de proportion, il prenoit pour base le cours des assignats contre l'argent, à l'époque où le débiteur avoit contracté envers son créancier, au lieu de prendre pour cette même base, le cours qu'avoient les assignats, à l'échéance de l'obligation contractée par le débiteur.

Il résultoit de cet arrangement, que la déchéance des assignats étoit entièrement laissée aux périls et risques du débiteur, même pour les deux premières des classes que nous venons de distinguer. Ainsi ces débiteurs, après avoir été ruinés comme créanciers, pour les objets qui pouvoient leur être dûs, pendant l'existence des assignats, l'étoient encore une fois comme débiteurs.

Puisque les mêmes assignats qu'ils venoient de recevoir de ceux qui leur devoient, ne leur servoient à rien, pour se libérer à leur tour de leurs créanciers, on conçoit que, pour procéder d'après l'échelle de proportion établie par le conseil des Cinq-cents, il auroit fallu, pour être juste, donner un effet rétroactif à cette échelle; c'est-à-dire, que si Pierre, débiteur de Jacques, en 1795, par obligations passées en 1792, doit tenir compte de la dette à Jacques, au cours de cinquante pour cent, en numéraire, tel qu'il a pu être en 1792, il faut bien que de proche en proche, les débiteurs de Jacques, dont il a bien voulu se laisser payer en valeur nominale, en 1795, pour les objets qu'ils lui devoient à lui-même, depuis 1792, 1793, etc, reviennent à compter avec lui, pour lui bonifier la valeur effective des assignats contre argent, tels qu'ils valoient aux années ci-dessus : ainsi il arrivera que de débiteurs en créanciers, la perte progressive des assignats, étant bonifiée alternativement des uns aux autres, soixante milliards de papier-monnoie auront pesé sur la nation, sans que personne ait rien perdu ; tandis qu'au contraire, toute la fortune mobiliaire des particuliers, a été absorbée par ce papier-monnoie. Ceci est aussi trop absurde pour être discuté. On comprend qu'il en résulteroit, en dernière analyse, que ce seroit au gouvernement, qui a émis les assignats, à faire raison aux particuliers, de la perte qu'ils ont éprouvé à chaque payement qu'il faisoit à ses créanciers.

Cependant, dira-t-on, le papier-monnoie n'existant plus, il faut bien qu'on prenne un parti relativement à toutes les Transactions anciennes. J'en conviens ; mais ce ne peut être qu'en les classant suivant leurs origines et leurs échéances, et ne perdant pas de vue le principe que c'est au vendeur, et non à l'acheteur ; au créancier, et non au débiteur, que l'assignat périclite, au moins dans le cas des deux premières classes désignées ci-dessus. Ainsi aujourd'hui que les assignats n'existent plus, les créanciers ne devroient être reçus, tout au plus, qu'à réclamer en argent la valeur de ces mêmes assignats, non pas telle qu'elle étoit à l'origine de l'obligation dont ils sont porteurs ; mais seulement suivant ce qu'ils ont valu à son échéance. Je dis *tout au plus*, parce que beaucoup de créanciers de mauvaise volonté, sont en contestation, depuis plus de deux ans, avec leurs débiteurs, pour des assignats que les premiers n'ont pas voulu recevoir aux échéances où ils leur étoient dûs. Or, ce n'est pas la faute des débiteurs, si leurs créanciers les ont laissé péricliter entre leurs mains. Également on ne peut pas faire valoir contre eux , la délicatesse qu'ils ont eue de ne pas consigner ces assignats. On m'objectera , sans doute , que par cela même qu'ils ne les ont pas consignés, ils ont reconnu qu'ils devoient à leurs créanciers, quelque chose de plus que les assignats, tels qu'ils valoient à l'échéance de leurs engagemens. Je sens que cette objection a quelque fondement; mais on conviendra avec moi, qu'elle ne dérive que de la délicatesse des débiteurs du genre dont nous parlons ; et comme, dans la rigueur du principe, ils ne doivent pas autre chose que des assignats, tels qu'ils valoient lorsqu'ils ont dû les payer , il faut que ce qu'ils donneront de plus, soit exigé à titre d'indemnités , je dirois presque *bénévole*. Or , s'il s'agit d'une créance fondée sur un immeuble; cette indemnité sera sûrement bien suffisante, si elle est évaluée à dix pour cent en argent, de la somme due , après avoir réduit cette somme en effectif, au cours qu'avoient les assignats à l'échéance des obligations dont le payement est en litige ou en arrière; et les créanciers seront tenus de s'en contenter, sans avoir recours à aucun moyen de récusation, ni a des lettres de rescision , qui ne devroient jamais être accordées que dans le cas de dol, de la part de l'acheteur d'un immeuble.

Quant aux débiteurs de la prémière et de la seconde classe, dont la dette n'a pas un immeuble pour objet, je crois qu'on ne doit pas exiger d'eux que, pour la portion de leurs engagemens, échue entre le premier juin 1793, et l'époque fameuse du 9 thermidor de l'année suivante, ils donnent autre chose à leurs créanciers, que le cours des assignats, tels qu'ils se comportoient à l'époque où ils ont pu payer et recevoir. En général, ces débiteurs sont négocians; et ce seroit les astreindre à une loi trop rigoureuse, que d'exiger d'eux le cours des assignats, tel qu'il étoit à l'échéance de leurs engagemens, au moins pour les époques dont nous parlons; parce que les payemens ayant été suspendus dans presque toutes nos villes de commerce, pendant la terreur, par l'effet des séquestres, et par la fuite des négocians et des principaux habitans de ces villes, il étoit impossible que les débiteurs et les créanciers pussent se joindre. Ainsi pour régler les engagemens de ce genre, il faudroit partir du cours qu'eurent les assignats pendant les trois premiers mois de 1794, lorsque les négocians commencèrent à revenir dans leur domicile. On ne doit pas perdre de vue que, pendant tout le régime de la terreur, c'étoit la nation qui s'étoit engagée elle-même à faire

les

les liquidations des négocians et des propriétaires séquestrés, en recevant ce qui pouvoit leur être dû, et en promettant de payer leurs créanciers. Cette observation est absolument nécessaire pour les villes de Marseille, Lyon, Bordeaux, etc. Or, la nation n'a tenu aucun de ses engagemens : elle a dilapidé les fortunes des malheureux négocians et propriétaires; elle n'a pas payé leurs créanciers : et aujourd'hui les représentans de cette même nation voudroient exiger de ces négocians, de ces propriétaires, qu'ils se libérassent autrement qu'en faisant usage de la monnoie discréditée, mais légale, avec laquelle ils ont été remboursés ! cela est aussi trop absurde.

Rien, il faut le dire, n'a étonné les gens instruits, comme le rapport fait par la commission des finances, sur les Transactions, dans le conseil des Cinq-cents. Si ce rapport, qui est tout entier en faveur des capitalistes oisifs, venoit à passer en loi, je n'hésite pas à soutenir (et je défie qu'on me démontre le contraire), qu'il consommeroit la ruine de tous les négocians et de tous les propriétaires, qui ont eu le malheur d'avoir des débiteurs et des créanciers, pendant l'existence des assignats, et à l'époque de leur démonétisation ; c'est-à-dire, qu'il forceroit le plus grand nombre des citoyens qui

B

appartiennent à ces deux classes, à faire ban-queroute, pour avoir eu une confiance trop aveugle au gouvernement, en recevant eux-mêmes sans difficulté, de leurs débiteurs, les capitaux avec lesquels ils devoient éteindre leurs propres dettes. Ensuite, y a-t-on bien pensé, quand on a proposé de regarder comme ayant valeur de numéraire, toutes les obligations con-tractées jusqu'au premier janvier 1793 ? Veut-on donc ignorer que les assignats ont commencé à perdre dès le mois de juin 1790, et qu'au mois de   1791, ils perdoient déjà 30 pour 100 ? Et par quel renversement de tous les prin-cipes, se propose-t-on de soumettre tellement le débiteur à son créancier, qu'après que le pre-mier aura épuisé toute son industrie, pour pré-senter au dernier 50 pour 100 de sa créance, celui-ci aura encore la faculté de refuser son remboursement, de continuer sans doute à exiger les intérêts de son capital et d'attendre six ans après la paix, pour être payé en plein ? en vé-rité, on diroit que c'est une communauté d'u-suriers qui a sollicité un pareil décret. D'après cela, comment veut-on que tous les proprié-taires qui ont été séquestrés, que cette foule de veuves et d'orphelins, qui doit son effrayante multiplication au régime de la terreur, puissent mettre ordre à leurs affaires ? Faudra-t-il que des enfans mineurs s'exposent à courir de nouveaux risques, en faisant valoir leur argent, toutes les fois qu'un créancier ne voudra pas le recevoir ? A-t-on donc oublié que les lois ne permettent pas de faire des dispositions à découvert, pour les mineurs ? faudra-t-il que le propriétaire qui n'est pas négociant, enfouisse son argent, ou qu'il courre des risques auxquels il est étranger, parce que son créancier n'a pas voulu se libérer, en recevant de lui ce que la loi lui ordonnera de lui offrir ? Ensuite, quelle sera l'expectative d'un propriétaire au bout de six ans ? elle sera d'être ruiné infailliblement, parce qu'il n'a sûrement pas le moyen de gagner, pendant ce nombre d'années, 50 pour 100, à ajouter au premier capital qu'il aura offert avant la paix à son créancier.

En général, le corps législatif ne considère pas assez que les assignats sont absolument du fait du gouvernement ; que c'est par eux que nous sommes tous ruinés, et qu'il ne faut pas les envisager comme une banqueroute particulière arrivant seulement à tels et tels individus, mais comme une calamité générale, qui frappe la fortune mobiliaire de tous ceux qui en avoient une de ce genre.

Encore une ou deux réflexions que me suggèrent quelques mauvais raisonnemens que j'ai lu dans les journaux et ailleurs.

Maintenant que le conseil des Cinq-cents a fait la faute, en renversant tous les principes, de prendre pour base de sa décision, le prix qu'avoient les assignats aux époques où les obligations ont été contractées, et non aux époques où elles sont échues, les créanciers élèvent leurs prétentions beaucoup plus haut. S'il faut écouter quelques-uns d'entre eux, le corps législatif ne va pas assez loin; et parce qu'on sait que les marchandises n'ont pas haussé en 90, 91, 92, 93, en raison du discrédit du papier, ils veulent que la base qu'on adoptera pour la loi nouvelle, soit en raison composée du prix des marchandises et du cours de l'argent, à l'époque où leurs débiteurs ont contracté avec eux. Mais comment ne voit-on pas que de telles réflexions, dictées uniquement par l'avarice et par l'envie de se soustraire à la perte commune, tombent devant l'argument que j'ai fait plus haut ? C'est que si ceux qui se trouvent encore créanciers aujourd'hui, doivent être traités d'une manière si favorable, il faut nécessairement donner un effet rétroactif à la loi à intervenir, parce qu'enfin si les individus qui se trouvoient créan-

ciers avant ceux-ci, et qui sont aujourd'hui débiteurs, ne peuvent donner que ce qu'ils ont
reçu en se soumettant à la loi qui existoit alors,
il faut nécessairement que la loi qu'on va rendre,
les autorise à recevoir de leurs anciens débiteurs,
en raison de ce qu'ils ont à payer à leurs créanciers. Cela est de toute évidence, comme de
toute justice. Or, j'ai démontré l'impossibilité
de cette mesure ; et cependant si, dans le nouveau systême qui semble prévaloir, on ne l'adopte
pas, toute impossible qu'elle est, il faudra dire
(ce que je suis loin de penser), que depuis l'assemblée constituante, nos législateurs n'ont été
que des hommes sans pudeur, qui, en créant et
émettant successivement du papier-monnoie,
n'ont eu en vue que de se jouer de la fortune
des particuliers, en ruinant les uns pour favoriser les autres, selon qu'il pouvoit convenir à leur
intérêt du moment. De quoi s'est composé la
fortune mobiliaire des particuliers, jusqu'à l'extinction des assignats ? (Je parle de cette portion
de fortune qu'on disposoit à intérêt.) A coup sûr,
elle n'a consisté qu'en assignats. Or, comment
veut-on que cet homme qui, à telle époque,
n'a reçu de ses débiteurs, de ses locataires, de
ses fermiers, du gouvernement, pour rentes ou
remboursemens, soit de réquisitions, soit d'effets

spoliés, que des assignats puisse donner autre chose que l'équivalent de cette monnoie, à ceux auxquels il doit des capitaux ou des rentes échues aux mêmes époques où il a été payé lui-même, sur le pied dont je viens de parler? Il est étrange qu'on ne veuille pas comprendre des vérités si simples. Il est bien plus étrange encore qu'on s'avise de traiter de fripons, comme on le fait quelquefois à la tribune, ceux qui, avant l'extinction des assignats, ont payé leurs dettes de cette manière, parce qu'en effet eux-mêmes n'étoient pas autrement payés par leurs débiteurs. Il y a eu sans doute des fripons dans tout ceci; mais doit-on oublier que les dépositaires de l'autorité nationale n'ont pas craint de donner, pendant un temps considérable, pour tout remboursement, à l'innombrable quantité des créanciers de l'état, un papier qu'ils avilissoient eux-mêmes par l'étrange abus qu'ils en faisoient, et qu'ils souffroient qu'on en fît.

On fait une autre objection : Vous trouvez beaucoup de personnes qui vous disent, que, quoiqu'en général il soit vrai que le papier-monnoie doit plutôt décheoir pour le débiteur que pour le créancier, cependant il n'est pas moins nécessaire que la loi qui doit intervenir sur les Transactions, soit beaucoup plus fa-

vorable aux créanciers qu'aux débiteurs. Et pourquoi ? Parce que, disent-ils, dans une assez
grande quantité de départemens, les assignats,
par leur circulation et leur chute, n'ont presque
pas dérangé les fortunes ; les propriétés, s'il
faut les croire, sont au même prix dans ces départemens qu'avant la révolution ; et quand vous
leur parlez des maux incalculables que la dépré-
ciation et la démonétisation des assignats ont
causé dans toutes nos villes de commerce (il
n'en est aucune qui ne soit plus ou moins ruinée ;)
quand vous les entretenez de la possition ter-
rible dans laquelle vont se trouver ceux qui ont
été séquestrés ou fugitifs, pendant le règne de
la terreur ; quand vous les invitez à jeter les
yeux sur les héritiers des condamnés, qui ayant
encore des dettes à acquitter, ont reçu, à la
veille de la suspension des remboursemens, soit
de la nation, soit de leur débiteur, des sommes
en assignats ou en mandats, avec lesquelles ils
espéroient au moins compenser ce qu'ils devoient ; ils vous répondent froidement que ce
ne sont là que des événemens particuliers, très-
malheureux sans doute pour ceux qui les éprou-
vent, mais que le législateur ne doit y avoir
aucun égard.

D'abord, il est de toute fausseté que beau-

B 4

coup de départemens n'ayent éprouvé aucun dommage, de la circulation et de la chute des assignats. Il est vrai qu'en Alsace et dans quelques départemens méridionaux, où l'on s'est opposé, autant qu'on a pu, à la circulation des assignats, on y a moins souffert du discrédit de cette monnoie, que dans la presque totalité de la France ; mais comment peut-on argumenter de ce qui c'est passé dans une demi-douzaine de départemens, pour déterminer ce qu'il convient de faire dans la presque totalité de la France : et que faudroit-il penser d'une loi qui statueroit sur l'intérêt de tous d'après l'intérêt du petit nombre ?

Ensuite, je demande si ce n'est pas en vertu d'une loi générale, que les assignats et les mandats ont circulé ; je demande si ce n'est pas en vertu d'une loi générale, qu'il fut ordonné, sous les peines les plus graves, de recevoir les assignats de tous ceux qui étoient débiteurs ; je demande si ce n'est pas en vertu d'une loi générale, que jusqu'aux premiers mois de l'an 4, il fut permis de rembourser de cette manière. (Il est vrai qu'à cette dernière époque, les remboursemens en assignats ne furent autorisés qu'entre négocians ; mais si les négocians n'ont pu recevoir que des assignats presque sans valeur, quelle valeur veut-on qu'ils donnent aujourd'hui?) Je demande enfin, si ce n'est pas en vertu d'une loi générale, que depuis le 13 germinal jusqu'à la dernière suspension des remboursemens, nous avons été obligés de recevoir du gouvernement et de nos débiteurs, le remboursement en mandats de tout ce qui nous étoit dû. Or, dès que c'est en vertu de plusieurs lois générales, que tous ceux qui étoient créanciers avant la démonétisation des assignats, et pendant la circulation forcée des mandats, ont été contraints de recevoir en papiers-monnoie ce qui leur étoit dû par leurs débiteurs ; de quel front ose-t-on dire aujourd'hui que tous ceux qui, par leur position, ont été plus assujettis à l'effet de ces lois, sont dans un cas particulier, auquel le législateur ne doit faire aucune attention ? Comment peut-on suggérer à ce même législateur, qui a fait ces lois générales, de se démentir lui-même dans les lois qu'il veut rendre, pour régler l'effet des lois antérieures ! Il faut, en vérité, avoir renoncé au sens commun, et ne pas se douter des premiers élémens de la législation, pour adopter de pareilles idées.

Qu'on y prenne garde, on a l'air de favoriser les intérêts des pauvres ; et dans le fait, ce n'est que des riches qu'on s'occupe. Il est plus que probable, en effet, que ceux qui, en 1794 et 1795, refusoient de recevoir de leurs débiteurs les assignats que ceux-ci vouloient leur donner, prouvoient par cela même qu'ils étoient plus à leur aise que la généralité des citoyens, qui ont épuisé presque toute leur fortune mobiliaire, pour exister pendant cet intervalle de temps. On croit faire beaucoup, en réduisant à cinquante pour cent, les créances échues avant la paix, et on ne remarque pas qu'on ne fait rien au-delà, et qu'on se tient même beaucoup en-deçà de l'état naturel des choses, puisqu'il est bien démontré qu'il n'existe pas en France, aujourd'hui, la moitié du numéraire qui s'y trouvoit avant la révolution, et que l'universalité des biens y a baissé de plus de 50 pour 100, depuis cette époque; par cette mesure, on n'aide donc en rien le débiteur. En l'adoptant, on consacreroit donc ce principe de toute iniquité, que le débiteur seul doit courir la chance des assignats, et qu'on ne sauroit le ruiner assez pour favoriser le créancier adroit, qui a su éviter de se faire payer durant le cours meurtrier de ce papier-monnoie.

Et puis, s'occupe-t-on, dans le nouveau système, de cette foule innombrable de séquestrés, et d'enfans de condamnés, lesquels, certainement, surpassent en nombre les créanciers qui font tant de bruit aujourd'hui? Pourquoi, si l'on veut toujours raisonner par exception, ne décrète-t-on pas qu'ils ne seront tenus de donner à leurs créanciers que la valeur qu'avoient les assignats, à l'époque de la mise en possession de leurs biens ? Pourquoi oublie-t-on ce que j'ai dit plus haut, que la nation, qui s'est emparée de leurs propriétés , s'étoit obligée d'acquitter leurs engagemens; qu'au lieu de satisfaire à sa promesse, elle les a, presque par-tout, entièrement ruinés; que s'ils sont hors d'état, aujourd'hui, de payer leurs dettes, suivant le nouveau mode qu'on voudroit établir, c'est à la nation seule qu'ils le doivent; et les représentans de la nation auront le courage de leur dire : « La République vous a ruinés; elle a dévasté, démoli, incendié vos propriétés, vos immeubles; votre numéraire a passé dans ses mains ; votre position , qui est de notre fait, est affreuse, sans doute, mais nous ne voulons pas y remédier : nous entendons que les derniers débris de vos fortunes passent dans les mains de vos créanciers; et, afin de les rendre plus impitoyables , nous les armerons d'une loi sévère, à laquelle il vous sera impossible d'échapper.

Je borne là ce que j'avois à dire sur les Tran-sactions. Fera-t-on quelque attention aux ré-flexions que je viens de développer ? Je l'espère. Si mon espoir étoit trompé, je ne crains pas de le dire, alors, il ne faut pas parler finance, com-merce, propriété, dans l'assemblée législative : ces mots ne seroient plus, pour nous, que des expressions vides de sens. Torturés dans tous les sens, par des décrets arbitraires, sans cesse punis pour les fautes du gouvernement, n'ayant aucun moyen de nous garantir de ses atteintes meurtrières, nous n'aurions plus d'autre parti à prendre, dans ce temps d'oppression et de lâcheté, que de sacrifier, avec une honteuse résignation, et chaque jour, au régime dévorant auquel nous serions assujettis, le peu de ressources que nous ont laissées les derniers fléaux dont nous avons été les victimes.

De l'Imprimerie de DESENNE, rue des Moulins, N.° 546.

les cit. [illegible], [illegible] représent[ant]
[illegible] peuple, rue des petits augustins, no 1[illegible]